AF263865

RÉFLEXIONS

PRÉSENTÉES

A LA COUR DE CASSATION

Par M. Jacques LAFFITTE,

Membre de la Chambre des Députés.

Il entre sans doute dans le système de la faction qui travaille à ruiner les intérêts nouveaux que le siècle a fait naître d'attaquer plus particulièrement les hommes qui, par leurs professions et leurs principes, se trouvent les mandataires spéciaux de l'industrie, et les défenseurs naturels des libertés publiques. C'est ainsi que je m'explique cette foule d'outrages et de calomnies auxquels je suis en butte depuis plusieurs années et presque chaque jour. Jusqu'ici je les ai dédaignés. Ces traits d'une malveillance factieuse avaient une source trop obscure ou trop méprisable pour altérer le crédit de ma maison au milieu des gages

1.

de confiance sur lesquels elle s'appuie, pour m'atteindre moi-même à travers les milliers de suffrages dont mes concitoyens m'ont honoré, en m'élevant quatre fois à la place que j'occupe dans la Chambre des Députés.

Aujourd'hui, l'injure a pris un caractère tellement grave et par la nature des imputations et par la qualité de leur auteur, et ce nouveau genre de diffamation deviendrait tellement dangereux pour la société, si le premier exemple en restait impuni, que j'ai cru devoir à mon pays autant qu'à moi-même d'en poursuivre la réparation. Les lois me la promettent, la justice me la doit, je la demanderais à l'opinion publique, si la voix légale m'était interdite et la justice refusée. Mais, dans ce moment, je ne réclame que des juges : pourquoi faut-il que je les attende de la cour régulatrice, lorsque le législateur semble les avoir si clairement désignés? Dans tous les cas, comment pourrais-je craindre de ne pas en obtenir?

Dans un procès qu'il est pénible de rappeler, où la complicité la plus indirecte et la plus éloignée pouvait, comme l'accusation principale, entraîner la peine la plus grave, mais dans lequel aucune prévention ne nous avait impliqués, M. Mangin, procureur-général près la Cour royale de Poitiers, crut devoir, dans son acte d'accusation, citer mon nom avec celui de plusieurs de mes honorables collègues et se livrer envers nous à de perfides insinuations. Il se fondait, à mon égard, sur la déclaration d'un seul témoin qui s'était borné lui-même à rapporter des *oui-dire* recueillis par un accusé *contumace*. La déposition étant isolée, ne formant aucune preuve, ne constatant aucun fait, ne pouvant servir ni à la condamnation ni à la défense d'aucun des accusés présents, la prudence et la justice semblaient commander de la laisser ensevelie au milieu des détails oiseux de la procédure écrite; il était donc difficile de ne pas voir, dans l'importance et la publicité qu'on affectait au contraire de lui donner, le désir d'accréditer des diatribes déja publiées dans la capitale (1).

Mes collègues et moi, nous dénonçâmes du haut de la tribune nationale cette étrange conduite d'un magistrat; nous réclamâmes de la justice de la Chambre des Députés qu'une enquête fût ordonnée pour examiner cette conduite et la nôtre.

A cette demande, écartée par les formes, suc-

____

(1) Il est tel libelle dont les auteurs ont poussé la fureur jusqu'à provoquer le pillage de ma maison.

céda bientôt une attaque plus sérieuse. Une proposition directe fut faite par M. de Saint-Aulaire, tendant à obtenir que le sieur Mangin serait mandé à la barre et poursuivi comme coupable d'offense envers la Chambre. Si la majorité n'autorisa par ces poursuites, les votes d'une minorité imposante n'en frappèrent pas moins d'un blâme sévère le diffamateur.

Pour tout autre que lui, cette discussion eût été un avertissement salutaire d'être désormais plus circonspect et plus impassible; loin de là, il s'est montré plus téméraire encore, et ce n'est que par de plus odieuses diffamations qu'il a cherché à se justifier de celles dont il s'était déja rendu coupable.

Je laisse à mes collègues le soin d'exposer les passages du discours de M. Mangin devant la Cour d'assises, dans lesquels les imputations de ce magistrat nous sont communes; de le montrer affirmant audacieusement que nous ne sommes point *innocens*, que nous avons à nous reprocher *autre* chose *que des imprudences*, que nous sommes *les véritables appuis sur lesquels comptaient les conspirateurs*; déclarant enfin que *s'il était compétent*, nous n'aurions pas à lui reprocher d'être diffamés par lui sans être traduits en justice.

Il ne s'est point borné, vis à vis de moi à ces attaques générales ; on l'a vu pousser le délire jusqu'à s'écrier : « Les lâches et les perfides sont « ceux qui recèlent les trésors d'un usurpateur, « d'un tyran détrôné, et qui s'en servent pour « soudoyer des conspirateurs ; voilà les hommes « qui nous rendront les temps malheureux de la « révolution, voilà les véritables pourvoyeurs du « bourreau. »

M. Mangin a eu raison de penser qu'il n'était pas nécessaire de prononcer mon nom dans une imputation où j'étais si clairement désigné ; tout le monde savait depuis long-temps que c'était moi qui étais, non le *recéleur* (1) (ce mot infâme ne semble employé ici que pour attester que le calomniateur ne met point de bornes à la calom-

---

(1) Je ne suis point chargé de défendre la mémoire de Napoléon, que tant de gens ont lâchement attaqué dans son infortune après l'avoir bassement servi dans le temps de sa puissance. Mais qui pourrait ne pas être indigné de voir contester la légitime propriété de 3 ou 4 millions au souverain qui, sur une liste civile de 25, n'en dépensa jamais au-delà de 15 ; à l'homme qui, pendant quinze ans, disposa des destinées et des trésors de toute l'Europe ?

Au reste, c'est au moment où il fut frappé par de grandes adversités, que Napoléon m'offrit ce premier témoignage de sa confiance. Les calomnies auxquelles il m'expose ne me feront point regretter de l'avoir accepté.

nie), mais le *dépositaire* des fonds de celui que M. le procureur-général appelle *un usurpateur et un tyran détrôné*. Ce fait était devenu public surtout, depuis qu'un jugement du tribunal de la Seine l'avait constaté, et m'avait déclaré en même temps séquestre judiciaire.

D'un autre côté, c'était moi qui, à la Chambre des Députés, avais parlé, à propos des premières attaques de M. Mangin, de *ces vils agens de la police, de ces hommes qui ont été les pourvoyeurs des bourreaux dans les temps malheureux de la révolution*.

Si je ne pus me méprendre sur les intentions de M. Mangin, il me fut également impossible de ne pas être frappé des conséquences funestes que pouvait avoir pour moi son imputation, si elle restait impunie.

Ce n'était plus seulement mon caractère et ma conduite politique, c'était ma délicatesse et ma probité qui étaient en même temps attaquées. Complice d'un vol, dépositaire infidèle, j'aurais détourné un dépôt confié par la justice elle-même, devenu le gage de cinquante familles ; et je l'aurais détourné pour soudoyer des conspirateurs !

Déterminé à poursuivre la réparation de cette triple calomnie, je crus devoir demander à la magistrature elle-même la punition d'un magistrat diffamateur.

Ma plainte, adressée d'abord à M. le Garde des Sceaux, a été bientôt après déposée au parquet de la cour royale de Poitiers, lieu où fut commis le délit; et j'attendais avec impatience le jour qui me serait assigné pour aller me mettre en présence de mon calomniateur, lorsque j'ai appris qu'elle avait été renvoyée à la Cour de Cassation.

J'ai consulté mes conseils pour savoir si cette manière de procéder est conforme à la loi, et quelles conséquences elle peut avoir pour le succès de ma plainte : voici ce qu'ils m'ont appris.

Aux termes de la loi du 27 ventose an 8. *Les délits commis par des juges relativement à leurs fonctions,* doivent être dénoncés à la Cour de cassation, section des requêtes, soit par le ministère public, soit par les parties intéressées.

La section des requêtes était chargée de *dénoncer* les juges à la section civile; celle-ci devait faire à leur égard *les fonctions de jury d'accusation;* et si la mise en accusation était prononcée, l'accusé était renvoyé *par devant l'un des tribunaux criminels le plus voisin de celui où il exerçait ses fonctions.* (Art. 80 et 81).

Cette loi se taisait sur les délits commis par des

magistrats *hors de leurs fonctions.* Le Code d'instruction criminelle a indiqué un mode particulier pour la poursuite et l'instruction des délits de cette espèce.

S'agit-il *de juges de paix, de juges de première instance ou de l'officier chargé du ministère public près de ces tribunaux*, ils seront cités directement devant la Cour royale, et devront l'être *par le procureur-général près cette Cour.* (Art. 479).

S'agit-il au contraire *des magistrats de la Cour royale? L'officier qui aura reçu la plainte, sera tenu d'en envoyer copie sans aucun retard de l'instruction* au ministre de la justice, qui à son tour la transmettra *à la Cour de Cassation laquelle renverra l'affaire, s'il y a lieu, soit à un tribunal de police correctionnelle, soit à un juge d'instruction, pris l'un et l'autre hors du ressort de la Cour à laquelle appartient le membre inculpé; soit enfin à une autre Cour royale*, s'il y a lieu à une mise en accusation. (Art. 481 et 482).

Le Code s'occupe ensuite des *délits relatifs aux fonctions* du magistrat inculpé; mais il ne statue que sur ce qui concerne *les juges de paix ou les tribunaux de première instance*, qu'il soumet à cet égard aux dispositions déja tracées par l'article 479. (Art. 483).

Il se tait sur les délits de cette espèce, dont peuvent se rendre coupables, soit les magistrats des Cours royales, soit les conseillers de la Cour des comptes et de la Cour de cassation.

Cette lacune, ainsi que plusieurs autres, a été remplie par la loi du 20 avril 1810. (Art. 10).

« Lorsque de grands officiers de la légion
« d'honneur, des généraux commandant une di-
« vision ou un département, des archevêques,
« des évèques, des présidents de consistoire, des
« membres de la Cour de cassation, de la Cour
« des comptes *et des Cours impériales,* seront
« prévenus *de délits de police correctionnelle,* les
« Cours impériales en connaîtront, *de la manière*
« *prescrite par l'article 479 du Code d'Instruc-*
« *tion criminelle.* »

On voit que cette disposition nouvelle soumet *tous les délits correctionnels* au même mode de poursuite, soit qu'ils aient été commis par les magistrats *dans* ou *hors* l'exercice de leurs fonctions ; l'article 18 n'en excepte *que les délits qui seraient de la compétence de la haute Cour, aux termes du sénatus-consulte, du 28 floréal an 12.*

On voit en second lieu, que ce mode uniforme est le même déja tracé par le Code pour les juges des tribunaux de première instance, et qu'il assure aux magistrats le double avantage de n'avoir pour juges qu'une Cour supérieure, et de ne pouvoir y être cités que par le procureur-général.

Dans cet état de la législation, on se demande comment ma plainte contre M. Mangin, peut avoir été renvoyée devant la Cour de Cassation.

Sans doute, il n'est pas permis de supposer qu'on ait pensé, pour fonder ce renvoi, à faire revivre les dispositions de la loi du 27 ventose an 8.

Ce serait donc en exécution des articles 481 et 482 du Code d'Instruction criminelle, que la Cour de Cassation aurait été investie. Mais une telle erreur serait peut-être encore plus difficile à concevoir; car, non-seulement ces articles se trouvent abrogés par cela seul, qu'une loi postérieure a statué sur les mêmes objets d'une manière différente; mais il est encore à remarquer que ces articles *uniquement* relatifs, ainsi qu'on l'a vu, aux délits commis par les membres des Cours royales *hors de leurs fonctions*, ne sauraient être appliqués à une plainte dirigée contre le sieur Mangin, à raison d'un délit qu'il a commis *dans l'exercice de ses fonctions*.

Il paraît donc impossible que la Cour de Cassation ne se déclare point incompétente, laissant ainsi au premier avocat-général près la Cour royale

de Poitiers, le soin de faire citer M. Mangin devant cette Cour, pour y voir statuer sur ma
plainte, ainsi que le lui prescrivent la loi du 20
avril 1810, et l'article 479 du Code d'Instruction
criminelle. (1).

Cependant j'ai prié mes conseils de supposer
un instant que la Cour de Cassation pût se faire
une opinion contraire à la leur, sur une question
qui paraît toutefois si clairement résolue par le
texte des lois; et je leur ai demandé qu'elle espèce
de juridiction cette Cour aurait à exercer sur ma
plainte, aux termes de l'article 482.

Leur avis sur ce point étant conforme à la
doctrine professée par un fonctionnaire public
dans son commentaire sur le Code d'instruction
criminelle, je crois ne pouvoir mieux faire que
de citer ses propres paroles.

« Quoique le Code se serve de l'expression, la
« Cour de Cassation renvoye l'affaire, *s'il y a*
« *lieu,* etc., etc., cette Cour *ne peut pas néan-*
« *moins apprécier la valeur et la gravité des*
« *charges.* La faculté qui lui est donnée s'appli-

---

(1) Cette conclusion est parfaitement conforme à l'opinion
professée par M. Le Graverend, ancien chef de division au
ministère de la justice, dans son excellent ouvrage sur la
Justice criminelle.

« que spécialement à l'alternative du renvoi à
« faire devant un juge d'instruction ou devant un
« tribunal correctionnel , ou devant une Cour
« suivant l'état de la procédure. Elle ne peut pas
« en conséquence se dispenser de renvoyer toutes
« les fois qu'il y a prévention plus ou moins forte
« d'un crime ou délit attendu que ce n'est pas à
« elle, mais au tribunal de première instance,
« d'après le rapport du juge d'instruction, ou à
« la chambre des mises en accusation des Cours
« royales devant laquelle le renvoi est fait, à
« ordonner la mise en liberté ou la mise en accu-
« sation du prévenu (1). »

Il faut bien peu de réflexion pour s'assurer qu'on ne peut raisonnablement supposer un autre sens aux expressions du Code.

Jettons d'abord un coup d'œil sur l'ensemble de la disposition : nous y verrons que la Cour de Cassation n'est pas même nantie des pièces, elle ne doit en recevoir qu'une *simple copie*.

Elle statue en l'absence du prévenu et de la partie plaignante, sans entendre ni l'un ni l'autre.

Enfin elle n'attend pas pour prononcer que l'instruction soit finie. Le renvoi lui est fait aussi-

____

(1) Le Graverend , tome Ier, page 483.

tôt que la plainte est portée et pendant qu'elle s'en occupe l'instruction doit être continuée *sans aucun retard.*

En l'état de ces conditions exprimées avec soin par le Code, comment supposer que la Cour de Cassation est investie du droit d'apprécier la plainte, d'examiner, par exemple, si le fait imputé est vrai, s'il peut être excusable, etc.

Quoi! des juges seraient appelés à déclarer si une plainte est bien ou mal fondée, sans avoir les pièces originales sous les yeux!

Ils prononceraient irrévocablement sur les plus graves intérêts, sans entendre, sans appeler les parties intéressées!

Et enfin, ils devraient statuer sur une plainte sans voir la procédure à laquelle cette plainte à donné lieu, les enquêtes qui peuvent avoir été faites, les procès-verbaux d'experts qui peuvent avoir été dressés! Et il serait vrai que le législateur qui a prescrit que l'instruction serait continuée *sans retard*, malgré le renvoi de la plainte à la Cour de Cassation, a en même temps autorisé cette Cour, à statuer sur la plainte de manière à rendre tout-à-fait inutiles, et cette instruction qui se poursuit, et les frais qu'elle peut occasionner! Non, une telle inconséquence ferait injure au législateur, comme elle choque le bon sens et l'équité ; et pour s'assurer qu'on n'a pas voulu donner à la Cour de Cassation le droit d'arrêter le cours de la justice, il suffit de voir que la loi n'a pas permis qu'il fut suspendu pendant que cette Cour s'occupe de rendre la décision qu'elle est appelée à prononcer.

Faut-il apprécier sous de nouveaux rapports le système qui tendrait à investir la Cour de Cassation, dans le cas du renvoi qui lui est fait aux termes de l'article 482, du droit de statuer sur la plainte, comme pourrait le faire la chambre du conseil d'un tribunal de première instance, ou la chambre de mise en accusation d'une Cour royale ? Eh bien ! ce droit le Code le lui a attribué quelques lignes plus loin, il le lui a attribué dans le cas où les magistrats seraient poursuivis comme coupables *d'un crime emportant la peine de forfaiture ou autre plus grave.* Dans cette hypothèse, il a voulu que la section des requêtes fût appelée à statuer *sur la prévention* et la section civile *sur la mise en accusation* (1). Mais alors il s'en est clairement expliqué; alors il a eu l'attention de prescrire que ces sections ne prononceraient que d'après une instruction faite par la Cour elle-même; et le soin qu'il a pris à cet

____

(1) Article 486 et suivants.

égard attesterait assez que c'est bien vainement qu'on prétendrait faire lire les mêmes attributions dans un article qui ne les a nullement exprimées; dans un article qui refuse à la Cour de Cassation tout moyen de s'éclairer, et qui veut qu'elle reste étrangère à la procédure destinée à instruire les juges qui doivent juger la plainte.

Ces divers rapprochements semblent ne pas laisser de doute sur ce point, que la Cour de Cassation n'est investie par l'article 482 que parce que la Cour Royale à laquelle appartient le membre inculpé et les tribunaux de son ressort, ayant paru, sans doute, aux auteurs du code, frappés d'une suspicion légitime, il a fallu s'adresser au tribunal *régulateur* pour lui faire désigner d'autres juges.

Si l'on s'obstinait à chercher d'autres attributions dans cet article, si, pour essayer de les y faire lire, on parlait du besoin d'une *garantie* pour les magistrats des cours royales, et de la nécessité de soumettre les citoyens qui veulent les poursuivre à rapporter préalablement une autorisation de quelque autorité respectable; en un mot, si l'on voulait supposer que cet article fut destiné à fournir à ces magistrats une garantie égale à celle que la Constitution de l'an VIII avait établie pour une autre classe de fonctionnaires, il serait facile de répondre.

On demanderait d'abord si c'est bien par des inductions, par des interprétations plus ou moins forcées et tout-à-fait arbitraires, qu'on se flatte de montrer dans la loi, des dispositions de cette nature.

Ne serait-il pas étrange d'ailleurs que les membres des cours royales prétendissent à d'autres garanties que celles stipulées par la loi en faveur des autres magistrats, même des magistrats de la Cour des Comptes et de la Cour de Cassation ?

On a vu, en effet, dans la loi du 20 avril 1810, que, pour ceux-ci, comme pour les juges de première instance, comme pour les *archevêques*, *évêques*, etc., la garantie consiste à la fois et dans le choix du tribunal supérieur qui est spécialement et extraordinairement chargé du soin de prononcer sur la plainte, et dans l'avantage de n'y pouvoir être cité que par le Procureur-Général.

Certes, on peut applaudir à ces précautions imaginées pour prévenir qu'un magistrat ne puisse être légèrement détourné de ses fonctions, et traîné directement sur la sellette et devant un tribunal correctionnel, au gré d'un adversaire qui se sera trompé sur les caractères du fait dans lequel il voit un délit ou un crime, ou qui n'aura cherché qu'un prétexte pour éloigner temporairement de son siège un juge intègre qui nuisait à ses vues. On y peut applaudir avec d'autant plus de raison, que si le Procureur Général pouvait oublier ses devoirs et commettre un déni de justice, celui qui en serait victime, ne resterait pas sans ressource légale. Mais où serait la justice d'ajouter à ces précautions raisonnables l'étrange privilége qu'on voudrait faire supposer dans l'art. 482? Où serait la justice d'autoriser un tribunal quelconque à rejeter une plainte régulière, reposant sur des faits qui constituent incontestablement un délit, à la rejeter, à huis clos, sans instruction préalable, sans entendre les parties intéressées, et sans qu'il reste au plaignant aucun moyen de réclamer contre cette décision clandestine?

On conçoit qu'il pourrait être dans les convenances de M. le Procureur-Général Mangin qu'il lui fut permis de faire apprécier ses excuses en mon absence, et de se faire renvoyer de ma plainte, par des dénégations ou des prétextes que je ne serais pas appelé à combattre; mais la raison publique, mais l'intérêt de la société ne parlent-ils donc pas plus haut que les convenances d'un magistrat? Et serait-ce bien par de pareils moyens qu'on se flatterait d'appeler sur la magistrature la considération dont elle a besoin?

2

S'il est une fois reconnu que l'art. 482 n'in-
vestit point la Cour de Cassation d'un pouvoir
discrétionnaire pour apprécier, ni les charges
présentées par le plaignant, ni les moyens de
défense de l'inculpé, il restera à se demander si
elle n'est pas appelée du moins à apprécier les faits
de la plainte pour vérifier si, en eux-mêmes et
abstraction faite des résultats de l'instruction, ces
faits n'offrent pas les caractères d'un véritable
délit.

Ici mes conseils m'assurent que je n'ai aucun
intérêt à contester, puisque ausssi bien ce droit
d'examen est certainement dévolu par la loi à
tous les officiers du ministère public. Il n'en est
aucun qui n'ait la faculté et même le devoir de
se refuser à faire une instruction sur une plainte
qui, en supposant prouvés les faits qu'elle expose,
ne pourrait conduire à aucune condamnation.

Ce droit, M. l'avocat-général près la Cour de
Poitiers, l'a déja exercé, par cela seul qu'il a
donné suite à ma plainte, et peu m'importe que
la Cour de Cassation l'exerce de nouveau. Je n'ai
pas à craindre qu'elle ne trouve pas les caractères
de la diffamation et de la calomnie les plus graves
dans les imputations dont j'accuse le sieur Mangin.

Puisque la loi punit comme coupable de calomnie : *quiconque dans des lieux ou réunions*

publics, aura imputé à un individu quel qu'il soit, des faits qui, s'ils existaient exposeraient celui contre lequel ils seraient articulés, à des poursuites criminelles ou correctionnelles, ou même l'exposeraient seulement au mépris ou à la haine des citoyens, quel est le magistrat qui pourrait ne pas reconnaître les caractères de ce délit, dans des assertions publiées au milieu d'une audience solennelle et d'après lesquelles je serais coupable à la fois, et du crime de recèlement, et du crime de violation de dépôt, et du crime de conspiration !

Au reste, je me hâte de déclarer que, dût la Cour de Cassation, contre toute attente, méconnaître dans cette affaire les règles qui excluent ou qui limitent sa compétence, et se faire juge elle-même d'une plainte qui ne lui est point dévolue, la juger sans m'entendre, sans instruction préalable, et pendant qu'une instruction se poursuit devant d'autres juges, je ne saurais me résoudre à craindre de ne pas obtenir justice.

Quelles défaites, quelles excuses M. Mangin ou ses amis peuvent-ils en effet opposer à des faits aussi publics, aussi précis et aussi graves que ceux sur lesquels repose ma plainte !

Essaiera-t-il de se prévaloir de ce que mon nom n'a pas été prononcé par lui ? Mais qu'importe, s'il m'a désigné assez clairement pour que personne ne s'y soit mépris et ne puisse s'y méprendre? Certes, un désaveu de sa part serait désormais une lâcheté inutile; mais ce désaveu ne peut être supposé, lorsque depuis un mois ma plainte est sous ses yeux, et qu'il a gardé le silence?

Ses amis tenteront-ils, comme ils l'ont fait à propos de l'acte d'accusation, de le justifier sous le prétexte du devoir qui lui était, disaient-ils imposé, de rendre compte de tout ce qui résultait de la procédure? Mais ici ce prétexte leur échappe; l'instruction n'offre pas un seul mot qui ait quelque rapport à la triple imputation qui est le principal sujet de ma plainte, et pour cette fois il faut bien convenir que c'est l'imagination de M. Mangin, ou plutôt la fureur de l'esprit de parti qui a créé la calomnie toute entière.

Cherchera-t-on une excuse dans la chaleur de l'improvisation? Elle pourrait servir à rendre M. le procureur-général moins coupable, jamais innocent. Comment cette excuse pourrait-elle d'ailleurs atténuer ses torts, lorsque l'on considère qu'il a parlé de moi, en mon absence, sans contradicteur; lorsque son discours est postérieur de deux mois aux plaintes que j'avais élevées contre lui du haut de la tribune ; lorsqu'enfin, il ne peut sans se déshonorer ne pas convenir qu'il avait mûrement médité dans le silence de son cabinet, toutes les parties d'un discours destiné à appeler le glaive de la loi sur une foule de citoyens !

Mais ces propos si cruellement accusateurs, n'ont été suivis d'aucune poursuite judiciaire, ni de sa part ni de la part d'aucun autre officier public ? Oui sans doute : est-il besoin de dire que cette circonstance est loin de déposer en faveur de M. le procureur-général ? Des poursuites judiciaires eussent pu témoigner du moins de la bonne foi de ses imputations ; leur absence suffit pour attester la calomnie. S'il était incompétent pour m'accuser, il lui restait le droit de me dénoncer à la justice, mais non pas celui de me diffamer (1); il m'a diffamé et ne m'a point dénoncé ; ou bien sa dénonciation a paru trop absurde pour qu'aucun magistrat ait consenti à l'accueillir ; et que pourrait-on voir dans un tel

____

(1) La Cour de Cassation nous a appris, par son arrêt rendu en l'an XII, sur le pourvoi de *Farel*, qu'elle n'admettait aucune excuse de la part d'un procureur-général qui, dans un plaidoyer devant une cour criminelle, avait *diffamé un citoyen non compris dans l'accusation.* (Denevers, an XII.)

refus, si ce n'est déja une condamnation manifeste des imputations dont je me plains ?

Enfin, essaiera-t-on de montrer une nouvelle excuse dans le peu de dommage que ces imputations auraient porté à ma réputation et à mon crédit? Je demanderai, d'abord, qui pourrait se permettre de prononcer sur ce fait sans m'avoir entendu ?

Serait-ce bien, d'ailleurs, au diffamateur à se prévaloir du peu d'effet qu'ont produit ses diffamations ? Ses intentions paraitront-elles moins coupables parce que ses paroles ont été méprisées? Ses calomnies devront-elles ne point armer la sévérité de la justice, parce qu'elles ont excité l'indignation publique ? Tout ici ne concourt-il pas au contraire à montrer la nécessité de ne point épargner un coupable sans excuses qui ajoute à la gravité de ses torts par l'importance de ses fonctions, et dont l'impunité tendrait à enhardir cette foule de misérables, qui ne servent le parti qui les salarie qu'en répandant l'outrage et la diffamation.

Mais je ne dois point oublier que dans ce moment ce n'est pas justice, ce sont des juges que je demande. La loi m'en a donnés. La Cour de Cassation ne peut m'en priver. Elle ne le voudra pas. Quel est le magistrat digne de ses fonctions qui voudrait ajouter un déni de justice à d'aussi infames calomnies (1)?

---

(1) Ces calomnies ne sont pas les premières contre lesquelles ma maison ait eu à se défendre, et le souvenir de celles qui la menacèrent à une autre époque, présente un rapprochement assez curieux avec celles que je dénonce aujourd'hui. En 1793, tous les associés furent emprisonnés comme *aristocrates ;* aujourd'hui je suis accusé de *vouloir ramener les temps malheureux de la révolution.* En 1793, ma maison fut dénoncée, comme ayant *recélé* des trésors destinés, disait-on, *à des plans contre-révolutionnaires ;* s'il faut en croire M. Mangin, je *récèle* en ce moment des trésors qui servent à *soudoyer des conspirateurs.* Sur qu'elle base reposait l'accusation en 1793? Sur la délation d'un gendarme qui disait avoir surpris la confidence d'un homme condamné à mort. Sur quel prétexte est appuyée l'imputation dont je me plains aujourd'hui? Sur la déposition d'un témoin qui fait parler un accusé absent.

FIN.

IMPRIMERIE DE FIRMIN DIDOT.

9 782011 789631